GUARDIANES DEL TESORO
Pautas para el instructor

GDT

Torneo bíblico

Primera Edición en idioma español
© 1992 por Generación XXI

Impreso en Generación XXI, Springfield, MO, EE.UU.
Anita V. de Niles, Directora
Janet Arancibia, Coordinadora
Guido Feliz, Editor de estilo
Abigail Bogarín, Editora técnica

Esto es una producción de SLC

Apartado 0818-00792
Ciudad de Panamá, PANAMÁ

ISBN: 978-1-63368-140-8

GUARDIANES DEL TESORO
Pautas para el instructor

INDICE

Guardianes del Tesoro

La Palabra de Dios es como un cofre lleno de joyas y piedras preciosas. Quien la lea, memorice, y siga el plan de vida eterna que contiene, hallará en ella un tesoro de incalculable riqueza. Son las promesas de Dios a aquellos que lo aman, y como tales hemos de buscarlas. Esa ha sido la experiencia de niños y jóvenes que integran a los *Guardianes del Tesoro (GDT)* y que han aceptado el emocionante desafío de estudiar la Biblia.

¿Por qué no hacer del estudio de la Biblia una experiencia interesante y entretenida? Si el niño es motivado adecuadamente, la lectura y estudio constituirán su afición principal. GDT ofrece una vía nueva de cómo descubrir las joyas de la Palabra de Dios y guardarlas en el corazón y hacer de ellas su compañera inseparable.

Participación individual a nivel local

¡Todo niño puede ser un ¡guardián del tesoro! Muchos niños se sienten postergados porque siempre se destaca a aquellos que aprenden rápidamente. Sin embargo, GDT es un programa flexible que permite la participación individual. Este programa debe dar la oportunidad de que todos puedan vivir la alegría de la realización.

Guardianes del Tesoro contempla tres niveles de participación: *Escudero, Arquero, y Lancero.* Para avanzar de un nivel a otro, el niño debe completar con éxito los siguientes requisitos:

Escudero:	*Responder correctamente 20 de 30 preguntas de este nivel hechas al azar.*
Arquero:	*Responder correctamente 25 de 30 preguntas del nivel Escudero y 15 de 20 preguntas del nivel Arquero hechas al azar.*
Lancero:	*Responder correctamente 28 de 30 preguntas del nivel Escudero; 18 de 20 del nivel Arquero; y 6 de 10 del nivel Lancero hechas al azar.*

Después que haya mostrado dominio del primer nivel, debe comenzar a estudiar el siguiente nivel de preguntas. En cada nivel de estudio cada uno es responsable de conocer las preguntas de los niveles anteriores.

El Guardián real es una clasificación especial para los participantes que han mostrado habilidad en los tres niveles. Para que un niño llegue a ser Guardián Real debe responder 59 de 60 preguntas escogidas al azar de los tres niveles. Quien consiga esta meta ganará un distintivo especial que llevará junto con los demás recibidos en los pasos anteriores.

El obrero puede considerar las siguientes sugerencias para la participación individual.

1. Diseñar su propio reglamento o adaptar el existente, considerando las características de su grupo (edad, recursos, ritmo de aprendizaje).
2. Usar GDT para complementar otros programas como Misioneritas, Exploradores del Rey, Escuela Dominical, Escuela Bíblica de Vacaciones (EBDV), y club bíblico.
3. Preparar lecciones en torno a un número de preguntas que cubren un cierto tema o período de la historia bíblica. El contexto facilita la retención de contenidos.
4. Procurar que cada niño tenga su manual, de modo que haga posible el estudio individual. Este ha sido publicado en un formato que permite llevarlo a cualquier lugar.
5. Reconocer la participación y el esfuerzo individual. Guardianes del Tesoro confiere un certificado a cada niño que completa el requisito establecido para cada nivel. Motívelos a que los reúna.

Quienes participen individualmente y cumplan los requisitos serán invitados al torneo Guardianes del Tesoro.

Participación como miembro del equipo oficial GDT

Otra meta importante de Guardianes del Tesoro es reunir a niños en una competencia de conocimiento de la Biblia. Desde este punto de vista, GDT persigue:

1. Formar a los niños en el trabajo de equipo. Cada uno aprende a respetar a su compañero y a trabajar en pro de una meta común.
2. Fortalecer lazos de amistad entre los miembros de los diversos equipos. Más que una contienda, el torneo debe ser un momento de sana diversión y compañerismo.
3. Asimilar conocimientos que tendrán valor de por vida. La meta del torneo no es un premio al concluir, sino el aprendizaje a través de la memorización.

Con este fin se ha redactado algunas pautas para reglamentar la participación de equipos.

Escudero

El Escudero es el portador de la bandera, que pregona las "Buenas Nuevas" de salvación para todos. No teme ser guía de todos los que han decidido tomar el camino angosto y recto que conduce a la vida eterna.

Arquero

El Arquero es el portador de las flechas de Dios. Sus flechas son semejantes a las promesas y verdades de la Palabra divina. Cuando estas flechas de la verdad son lanzadas con fe, muestran el camino de seguir y servir a Dios con fidelidad. El Arquero mantiene su aljaba llena y está siempre listo y a la espera del mandato de su Señor.

Lancero

El Lancero hábilmente esgrime su arma contra el tentador, Satanás. La fuerza y los músculos en las manos del Lancero son símbolos del victorioso poder que el Espíritu Santo da a los que ejercitan su fe a través de la oración para derrotar la fortaleza del enemigo y ganar la victoria.

Guardián real

El Guardián real ha puesto su mirada, no en los tesoros terrenales que se corrompen y deterioran, sino más bien en la "recompensa celestial". Estudia con diligencia la Palabra de Dios. Pone en práctica la advertencia de Pablo a Timoteo: "Procura con diligencia presentarte a Dios aprobado, como obrero que no tiene de qué avergonzarse, que usa bien la palabra de verdad" (2 Timoteo 2:15).

Pautas para el torneo de equipos

Las pautas a continuación no abarcan todo aspecto del torneo. Sin embargo, proveen reglas uniformes y sugerencias para una contienda amena y sin complicaciones. El torneo se puede efectuar a diferentes niveles, hasta concluir con una actividad o celebración nacional.

I. El equipo y sus componentes

En una iglesia local el programa Guardianes del Tesoro: Torneo bíblico (GDT) lo compone el entrenador jefe, uno o más equipos, y por lo menos un entrenador asistente de cada equipo. Un equipo consiste de por lo menos cuatro jugadores agrupados según edad: de 5 a 11 y de 12 a 18. Cada conjunto debe tener suplentes en caso de ausencias. El equipo compite en la categoría correspondiente a su edad y en uno de los tres niveles: Primero, "Escudero", representado por el color rojo; segundo, "Arquero", color azul; y el nivel máximo, "Lancero", color púrpura. El primer nivel sólo responde las preguntas del color rojo. El segundo abarca preguntas del primer nivel y del segundo nivel. El tercer nivel compite respondiendo preguntas de los dos últimos niveles.

II. La organización del torneo

Una vez que una iglesia o ciudad tenga dos o más equipos en cualquiera de los niveles puede comenzar a celebrar torneos. Un torneo a nivel de ciudad o distrito puede tener ocho o más equipos de cada nivel. Los equipos se combinan hasta que todos hayan competido unos contra otros. Se mantiene un registro de la puntuación. Los ganadores son los equipos que acumulan el mayor número de puntos.

Una iglesia o escuela será el patrocinador del torneo, establecerá la fecha y el horario, y preparará el salón donde se celebrará. La actividad debe comenzar con una junta de orientación de los equipos para aclarar las reglas, revisar el programa, y asignar el salón.

A. Lugar del torneo

Para el torneo, cada salón necesitará sillas para los voceros, entrenadores, suplentes, y visitas; una mesa para los oficiales (los jueces, un árbitro, un anotador, y un moderador).

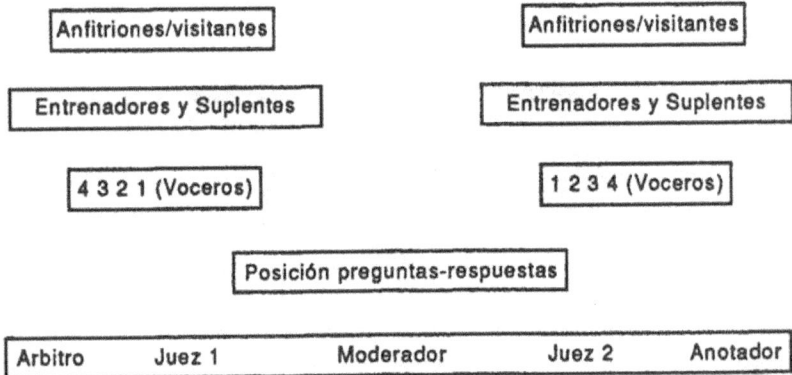

Anfitriones/visitantes		Anfitriones/visitantes
Entrenadores y Suplentes		Entrenadores y Suplentes
4 3 2 1 (Voceros)		1 2 3 4 (Voceros)

	Posición preguntas-respuestas	

Arbitro	Juez 1	Moderador	Juez 2	Anotador

1. Cuatro miembros de cada equipo serán seleccionados como voceros para iniciar el torneo. A cada uno se le asignará su posición con un número (1, 2, 3, ó 4) y estará sentado de frente a los jueces. Los entrenadores y suplentes deben ubicarse detrás de su equipo, y el anfitrión o visitante detrás del entrenador.
2. Cada vocero debe llevar puesto un distintivo que muestre claramente su número y el nombre de su equipo (Betel 1, El Faro 3, . . .).
3. Los oficiales ocuparán su posición de frente a los equipos.
4. La posición "preguntas-respuestas" debe estar claramente marcada frente a los oficiales.
5. El árbitro estará ubicado en el extremo izquierdo de la mesa de los oficiales y el anotador en el derecho.

B. El torneo

El torneo se jugará en tres rondas. En cada ronda los voceros responderán una pregunta, eso significa que el moderador leerá ocho preguntas en cada oportunidad.

Nivel	Cantidad de preguntas			Total de preguntas
	1ra. ronda	*2da. ronda*	*3ra. ronda*	
Escudero	8 Escudero	8 Escudero	8 Escudero	= 24
Arquero	8 Escudero	8 Arquero	8 Arquero	= 24
Lancero	8 Arquero	8 Lancero	8 Lancero	= 24

1. El anotador colocará en una bolsa las fichas numeradas que corresponden al nivel en juego. Cada juego de fichas coloreadas debe ser colocada en su propia bolsa; una bolsa para el nivel Escudero, una para el nivel Arquero, y otra para el nivel Lancero.
2. Cuando todos los jugadores y oficiales estén ubicados, los entrenadores y el moderador determinarán el equipo que competirá primero. *(Esto puede hacerse lanzando una moneda al aire, tomando al azar una ficha numerada, o un método similar que lo ayude a decidir.)*
3. El torneo comenzará con el vocero "uno" del equipo seleccionado para iniciar la competencia. Los equipos participarán en forma alternada. Este proceso se repetirá hasta el final de la jornada. Todas las preguntas deben ser contestadas desde la "posición preguntas-respuestas".
4. El anotador reconocerá primeramente al vocero por nombre y número de posición.

C. Preguntas

GDT tiene preguntas simples y preguntas con "guías". En el primer caso, el vocero responde y obtiene la puntuación correspondiente al nivel. Las preguntas con "guías" aparecen destacadas en negritas y valen 5 puntos extra.

1. <u>Preguntas simples:</u> El moderador toma de la bolsa una pregunta numerada y lee el número en voz alta. Después de encontrar la pregunta correspondiente en el manual GDT, comienza a leer, especificando antes el valor de la puntuación. El tiempo límite para responder son treinta segundos.

> M: Pregunta número 46, por 10 puntos. "¿Quién era Melquisedec?"
> V: Rey de Salem y sacerdote del Dios Altísimo (treinta segundos para responder)

2. <u>Preguntas con "guías"</u>: En este caso, el moderador leerá las "guías" o palabras en negrita y hará una pausa para que el vocero, en los primeros cinco segundos, comience a completar la pregunta y concluya con la respuesta. Hará todo en un plazo máximo de treinta segundos.

> M: Pregunta número 250, por 10 puntos. "¿Cuál era la... (pausa)
> V: ...profesión de Lucas?" Médico (comienza en los primeros cinco segundos y concluye a los treinta).

   a. Si completa con éxito las "guías" y responde la pregunta, se le acredita el valor de esta y cinco puntos extra por completar. Si no completa bien las "guías" o responde incorrectamente, el moderador dice "incorrecto" y el participante debe volver a su asiento.
   b. Si decide no completar las "guías", dejará correr los primeros cinco segundos, el árbitro señalará el tiempo y el moderador leerá la pregunta completa. El vocero tendrá entonces treinta segundos para responder correctamente.

> M: Pregunta número 250, por 10 puntos. "¿Cuál era la... (pausa de cinco segundos, el vocero no completa)
> A: Tiempo
> M: "¿Cuál era la profesión de Lucas?"
> V: Médico (treinta segundos para responder).

3. Si el vocero completa las "guías" usando otras palabras, los jueces deciden si estas expresan la esencia de la pregunta.
4. Si una pregunta con "guías" es juzgada incorrecta, toma turno el correspondiente vocero del otro equipo. Esta vez el moderador lee por completo la pregunta y concede treinta segundos para dar la respuesta correcta. Los puntos obtenidos se sumarán unicamente al equipo (no hay puntuación individual).

5. La pregunta no se repetirá a menos que haya una interferencia que impida escucharla con claridad. El juez determinará si hubo o no interferencia.

> M: Pregunta número 250, por 10 puntos. "¿Cuál era la profesión de Lucas?"
> V: Médico (treinta segundos para responder).

D. Preguntas nulas

Se anulará una pregunta y se sustituirá por otra de igual valor cuando:

1. El moderador lee mal la pregunta.
2. El moderador inadvertidamente da información que ayuda al vocero a responder la pregunta.
3. Hay ayuda u otro tipo de interferencia de cualquiera de los equipos. En tal caso se agregará además una falta al equipo responsable.

E. Respuestas

La respuesta es correcta cuando:

1. Contiene, en esencia, la información que requiere la pregunta.
2. Se cita textualmente el versículo bíblico que requiere la pregunta.
3. Al pronunciar una palabra incorrecta se la puede reconocer.
4. Toda la información requerida se da completa y correctamente, aun cuando después agregue pormenores incorrectos.

La respuesta es incorrecta cuando:

1. El vocero no da la información requerida como respuesta a la pregunta oficial antes que el árbitro indique "tiempo".
2. La primera declaración es información incorrecta aun cuando después se exprese la información correcta.
3. Se omite, repite, agrega, o cambia cualquier palabra de las citas o referencias.
4. La pronunciación es tan deficiente que no es posible reconocer las palabras que demanda la respuesta.
5. El vocero no habla en voz alta o con claridad para que los jueces escuchen.
6. Los jueces juzgan evidente la ayuda dada a un vocero por un entrenador o un miembro de su propio equipo.

F. Faltas y penalidades

1. Una falta significa cinco puntos menos para el equipo.
2. No se permite la comunicación verbal o no-verbal entre los miembros del equipo, durante el torneo, sino en los recesos. Esta situación será penada con una falta.
3. Cualquier vocero que cometa tres faltas será expulsado del juego.

G. Punto de orden

"Punto de orden" es un intento de corregir un error de procedimiento. Cualquier vocero o entrenador puede decir "punto de orden" para alertar de cualquier problema a los jueces. Las siguientes pueden ser algunas situaciones:

1. El vocero equivocado toma posición fuera de orden.
2. Cuando se ha completado mal las "guías" o respondido en forma incorrecta, el moderador pasa a la siguiente pregunta sin volver a leer al otro equipo la que está en juego. *(Vea la página 11, #3.)*
3. La pregunta se selecciona del nivel equivocado.
4. Un vocero permanece en el juego después de cometer tres faltas.

H. Recesos

1. Cada equipo tiene permiso para dos recesos de 30 segundos durante el torneo.
2. El entrenador o los voceros en posición "uno" pueden pedir un receso.
3. Si surjen situaciones insólitas que no estén claramente mencionadas en las pautas, los jueces, el moderador, o el coordinador pueden hacer un receso para consultar y decidir la situación.

I. El ganador

El anotador será responsable de contar la puntuación al final del juego. Los puntos ganados, tanto los regulares como los extra, serán sumados y los puntos por faltas serán sustraidos. El juez declarará ganador al equipo con más puntos.

J. Empates

En caso de un empate, el torneo continuará con una pregunta para cada equipo. Si la puntuación de los equipos no varía, se preguntará al jugador 2 de cada equipo. Este proceso continúa hasta romper la igualdad de puntos. El juez declarará luego el equipo ganador.

III. La puntuación

Puntuación Individual

Cada vocero obtiene puntos por las respuestas correctas. En la rjeta de puntuación se contabiliza en sentido horizontal. Al nalizar el torneo, el moderador anunciará el participante que ha cumulado más puntos en el nivel en juego.

Nivel	Color	Preguntas	Puntos
Escudero	Rojo	1-288	10 c/u
Arquero	Azul	289-480	20 c/u
Lancero	Púrpura	481-576	30 c/u

Puntuación del equipo

El total para cada equipo se cuenta en el extremo inferior recho de la tarjeta de puntuación.

1. Si el vocero responde correctamente, se le acredita el valor total de la pregunta.
2. Si completa bien las "guías" y responde la pregunta correctamente, se le acredita cinco puntos extra más el valor de la pregunta.
3. Si completa mal las "guías" o responde incorrectamente, al del equipo contrario que le corresponda el turno podrá responder la pregunta.
   a. Si lo hace correctamente, se adjudicará el valor total de la pregunta a los puntos del equipo.
   b. No tendrá oportunidad de completar las "guías", por lo tanto no hay puntos extra.
   c. No hay puntuación individual.
4. Otra manera de añadir puntos al equipo es por puntualidad. Después de la junta de orientación o entre una ronda y otra, los equipos que ocupen su posición en un plazo de 15 minutos reciben diez puntos extra.

IV. Los oficiales

Todos los oficiales deben esforzarse por mantener una actitud cristiana con los voceros. Cuando se imponen faltas o se hace "puntos de orden", evitan ser ásperos o severos, y hablan más bien con gentileza y calma.

A. Moderador
1. Tiene a su cargo la vigilancia general del torneo.
2. Previo al juego, contestará cualquier pregunta con relación al procedimiento.
3. Dejará que los voceros, entrenadores, y suplentes de cada equipo se identifiquen.
4. Recordará a los equipos y al auditorio la necesidad de permanecer en silencio durante el juego.
5. Hará que cada torneo comience con oración.
6. Leerá la pregunta de acuerdo al modelo siguiente: "Pregunta número dos, por 10 puntos: "¿Cuántos libros tiene la Biblia?"
7. Si la respuesta es obvia, correcta o incorrecta, declarará su decisión especificando los puntos obtenidos, cuando el vocero haya terminado de responder. (Ej: "Correcto por 10 puntos", o "incorrecto", debe volver a leerse al equipo contrario.)
8. Si la respuesta no es claramente correcta o incorrecta, debe permitir al vocero 30 segundos para completarla. Después pedirá una decisión independiente dictada por los jueces. Estos, la indicarán de un modo no-verbal y con una moneda. Si el juez cree que la respuesta es correcta, pondrá la moneda de "cara". Pero si cree que es incorrecta la colocará de "cruz". El moderador revisará las monedas y tomará su decisión final.
9. Responderá a cualquier "punto de orden".
10. Al concluir la respuesta y tomada ya la decisión de la pregunta 24 oficialmente dará por terminado el torneo. Cuando los puntos estén contados, anunciará el equipo ganador junto con los dos participantes que alcancen la mayor puntuación a nivel individual.

B. Arbitro
1. Debe registrar el tiempo de todas las respuestas y los recesos. Al concluir cada período de tiempo debe decir en voz alta "tiempo".

2. Los períodos de tiempo previos a su cronometraje, son los siguientes:
   a. Cinco segundos para comenzar a completar la pregunta con las "guías". El tiempo empieza a registrarse tan pronto el moderador concluya. Mantiene el cronómetro en marcha mientras completan la pregunta y dan la respuesta, hasta cumplirse los 30 segundos, después indica "tiempo".
   b. Treinta segundos para responder la pregunta. Si el vocero no completa las "guías" en los cinco segundos iniciales, nuevamente comienza a marcar el tiempo tan pronto el moderador termina la lectura de la pregunta.
   c. Treinta segundos para un receso. Comienza a marcar el tiempo después de advertir del receso al moderador.
3. Cada vez que sea necesario, el árbitro servirá también como juez y ayudará a tomar decisiones acerca de las respuestas.

C. Anotador

1. Es responsable de verificar si las tarjetas o fichas de preguntas numeradas están correctamente clasificadas y listas para el momento del torneo.
2. Antes del inicio del torneo debe registrar en la hoja oficial de puntos el nombre de los equipos, voceros, y suplentes.
3. Convoca por equipo, nombre, y número al vocero que debe ocupar la posición "preguntas-respuestas".
4. Escribe el valor de puntos de la pregunta cuando el moderador lo mencione.
5. Si el moderador dice un número incorrecto de pregunta o valor de puntos, inmediatamente debe llamarle la atención.
6. Registra todos los puntos obtenidos por los voceros, las deducciones por falta, y los extra.
7. Mantiene un registro de recesos e informa al moderador si un equipo pide más de dos.
8. Anota la puntuación en el transcurso del juego, agregando los extra conforme son ganados y del mismo modo reduciendo los puntos por faltas cometidas.
9. Encierra en círculo el número de la pregunta para indicar que el vocero completó con éxito las "guías".
10. Al finalizar el torneo, hace una sinopsis de puntos a nivel individual y de equipo.

11. Cada vez que sea necesario, el anotador actuará también de juez para ayudar a tomar decisiones respecto a la corrección de una respuesta.

D. Juez
1. Decide en las situaciones irregulares.
2. Decide si una pregunta debe ser anulada.
3. Juzga la validez de una respuesta expresada en palabras diferentes a las registradas en el manual GDT.
4. Con los demás oficiales, atiende los puntos de orden que se solicite.

E. Responsabilidades compartidas
1. Contar faltas: Una falta debe señalarse en el momento que ocurra, a menos que el moderador esté leyendo la pregunta, o un vocero esté respondiendo. En tal caso, la falta debe señalarse después que el árbitro diga "tiempo".
2. Tomar decisiones como rectificación de las respuestas: Si el moderador juzga una respuesta claramente correcta o incorrecta, debe establecer su decisión sin pedir ayuda a los jueces. Sin embargo, si no está seguro, debe demandar que de modo independiente la tomen los jueces. No es necesario que la decisión sea unánime.
3. Cuando no hay obreros que hagan de jueces, el anotador y el árbitro pueden desempeñar también esta función.

V. Implementos

A. Manual GDT y marcador de página
Este manual contiene las preguntas y respuestas que los niños deben aprender de memoria. Cada página incluye una columna de preguntas y otra de respuestas. El marcador ha sido diseñado para cubrir totalmente una columna a la vez. El niño cubre la columna del lado derecho cuando quiere responder de memoria, y la del lado izquierdo cuando cita de memoria la pregunta.

B. Resumen personal de preguntas
En la última página de este libro de pautas encontrará el "Resumen personal de preguntas" para que los niños mantengan un registro de lo que han memorizado.

Guardianes del Tesoro

C. Fichas numeradas

El programa Guardianes del Tesoro incluye un juego de fichas numeradas para los tres niveles. En estas se incluye algunas fichas sin número para en caso de que alguna se extravíe.

D. Tarjeta de puntuación

La puntuación será registrada en una tabla de doble entrada diseñada especialmente para este propósito.

E. Reconocimiento

Puesto que no existe un reconocimiento para el equipo ganador del torneo, se sugiere a los líderes de niños en los diferentes países que diseñen un certificado especial o adquieran un trofeo para obsequiar con él al equipo ganador de cada año.

Resumen personal de preguntas

Con un lápiz de carbón ennegrece los cuadros numerados conforme aprenda
memoria las preguntas y respuestas de tu manual GDT.

1	33	65	97	129	161	193	225	257	289	321	353	385	417	449	481	513
2	34	66	98	130	162	194	226	258	290	322	354	386	418	450	482	514
3	35	67	99	131	163	195	227	259	291	323	355	387	419	451	483	515
4	36	68	100	132	164	196	228	260	292	324	356	388	420	452	484	516
5	37	69	101	133	165	197	229	261	293	325	357	389	421	453	485	517
6	38	70	102	134	166	198	230	262	294	326	358	390	422	454	486	518
7	39	71	103	135	167	199	231	263	295	327	359	391	423	455	487	519
8	40	72	104	136	168	200	232	264	296	328	360	392	424	456	488	520
9	41	73	105	137	169	201	233	265	297	329	361	393	425	457	489	521
10	42	74	106	138	170	202	234	266	298	330	362	394	426	458	490	522
11	43	75	107	139	171	203	235	267	299	331	363	395	427	459	491	523
12	44	76	108	140	172	204	236	268	300	332	364	396	428	460	492	524
13	45	77	109	141	173	205	237	269	301	333	365	397	429	461	493	525
14	46	78	110	142	174	206	238	270	302	334	366	398	430	462	494	526
15	47	79	111	143	175	207	239	271	303	335	367	399	431	463	495	527
16	48	80	112	144	176	208	240	272	304	336	368	400	432	464	496	528
17	49	81	113	145	177	209	241	273	305	337	369	401	433	465	497	529
18	50	82	114	146	178	210	242	274	306	338	370	402	434	466	498	530
19	51	83	115	147	179	211	243	275	307	339	371	403	435	467	499	531
20	52	84	116	148	180	212	244	276	308	340	372	404	436	468	500	532
21	53	85	117	149	181	213	245	277	309	341	373	405	437	469	501	533
22	54	86	118	150	182	214	246	278	310	342	374	406	438	470	502	534
23	55	87	119	151	183	215	247	279	311	343	375	407	439	471	503	535
24	56	88	120	152	184	216	248	280	312	344	376	408	440	472	504	536
25	57	89	121	153	185	217	249	281	313	345	377	409	441	473	505	537
26	58	90	122	154	186	218	250	282	314	346	378	410	442	474	506	538
27	59	91	123	155	187	219	251	283	315	347	379	411	443	475	507	539
28	60	92	124	156	188	220	252	284	316	348	380	412	444	476	508	540
29	61	93	125	157	189	221	253	285	317	349	381	413	445	477	509	541
30	62	94	126	158	190	222	254	286	318	350	382	414	446	478	510	542
31	63	95	127	159	191	223	255	287	319	351	383	415	447	479	511	543
32	64	96	128	160	192	224	256	288	320	352	384	416	448	480	512	544

(Para el instructor: Haga copias de esta hoja para cada niño e indíqueles que la pueden gu
entre las páginas de su manual GDT.)

COMO GUIAR A UN NIÑO A CRISTO

1. **TÚ NECESITAS SER SALVO**. Explique al niño que es pecador y que no puede salvarse a sí mismo. *Por cuanto TODOS PECARON, y están destituidos de la gloria de Dios. Romanos 3:23*

2. **SOLO JESUCRISTO TE PUEDE SALVAR** Hable al niño sobre la obra redentora de Jesús en la cruz. *Y en ningún otro hay salvación; porque NO HAY OTRO NOMBRE bajo el cielo, dado a los hombres, en que podamos ser salvos. Hechos 4:12*

3. **TÚ MISMO DECIDES** Ayúdele a tomar una decisión personal de recibir a Jesús. *Más a todos los que le recibieron, a los que CREEN EN SU NOMBRE, les dio potestad de ser hechos hijos de Dios. Juan 1:12*

4. **JESUS TE DA VIDA ETERNA** Si el niño acepta a Jesús como su Salvador, tiene vida eterna. *El que cree en el Hijo tiene VIDA ETERNA; pero el que rehúsa creer en el Hijo no verá la vida, sino que la ira de Dios está sobre él. Juan 3:36*

5. **CONFIESA TU FE EN JESÙS** Anime al niño a contar a otros acerca de su decisión. *Que si confesares con tu boca que Jesús es el Señor, y creyeres en tu corazón que Dios le levanto de los muertos, serás salvo. Porque con el corazón se cree para justicia, pero con la boca se confiesa para salvación. Romanos 10:9*

6. **NECESITAS ALIMENTO Y CUIDADO** Al entregarse a Cristo, el niño nace a la familia de Dios, y para crecer espiritualmente, necesita de alimento, que es la Palabra de Dios, y el cuidado que sus "hermanos en la fe" le pueden ofrecer. *Antes bien, CRECED en la gracia y el conocimiento de nuestro Señor y Salvador Jesucristo. 2 Pedro 3:18*

HE PECADO

Porque la paga del pecado es muerte, mientras que la dádiva de Dios es vida eterna en Cristo Jesús, nuestro Señor.

Romanos 6:23

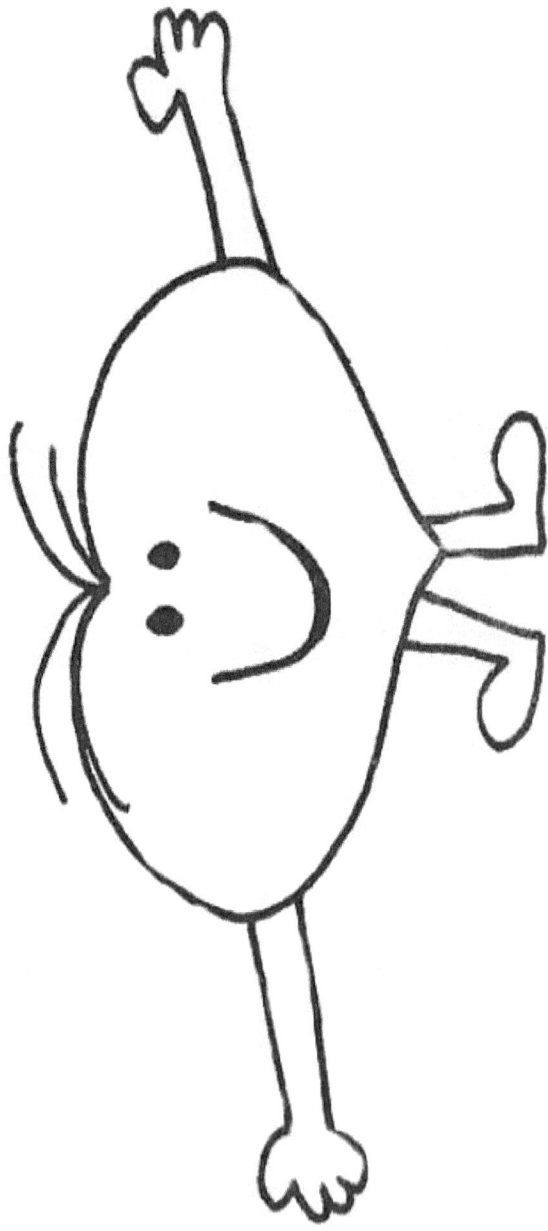

DIOS ME AMA

Porque tanto amo Dios al mundo, que dio a su Hijo unigénito, para que todo el que cree en él no se pierda, sino que tenga vida eterna.

Juan 3:16

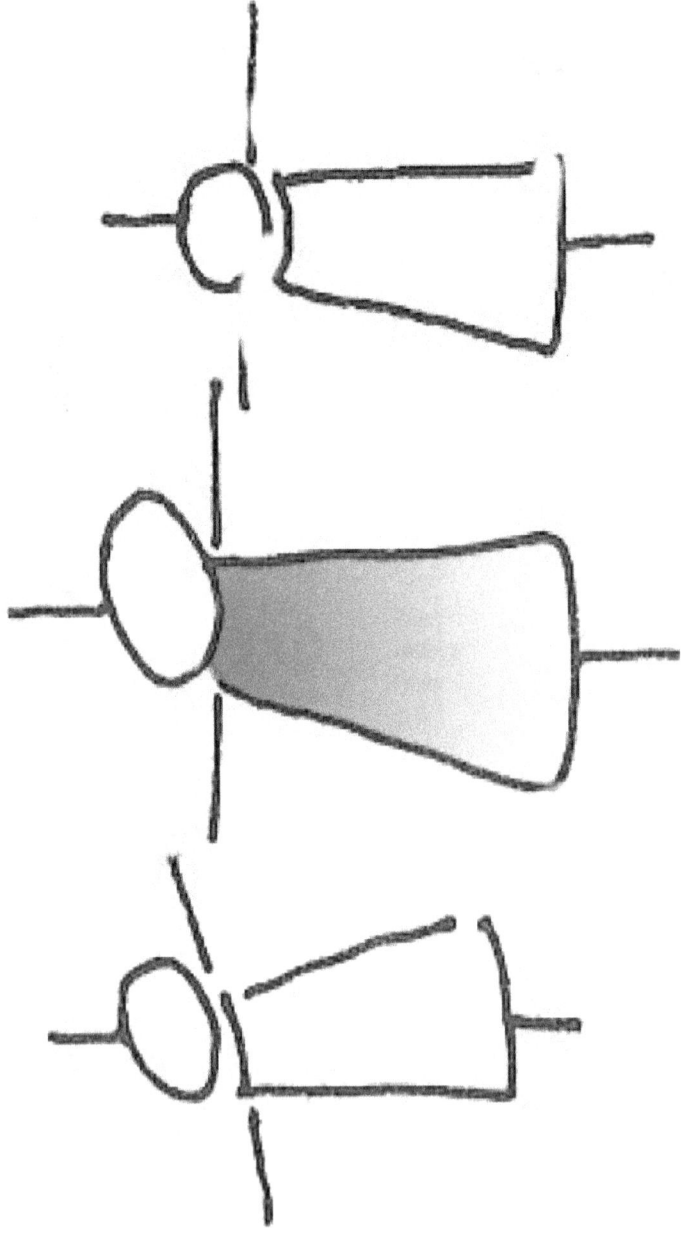

JESÚS MURIÓ POR MÍ

Pero Dios demuestra su amor por nosotros en esto: en que cuando todavía éramos pecadores, Cristo murió por nosotros.

Romanos 5:8

RECIBO A JESÚS

Mas a cuantos lo recibieron, a los que creen en su nombre, les dio el derecho de ser hijos de Dios.

Juan 1:12

SOY SALVO

Porque por gracia ustedes han sido salvados mediante la fe; esto no procede de ustedes, sino que es el regalo de Dios.

Efesios 2:8

LA BIBLIA

a través de los

TIEMPOS

Desde un principio Dios ha velado por su Palabra.

Dios nos ha dado la Biblia
con el propósito
de mostrarnos
cómo debemos vivir.

El propósito principal es enseñarnos el camino al cielo.

Jesús

Veamos cómo Dios ha dado y preservado su Santa Palabra.

TABLAS DE PIEDRA

En el
Monte Sinaí
Dios dio
a Moisés los
Diez Mandamientos.

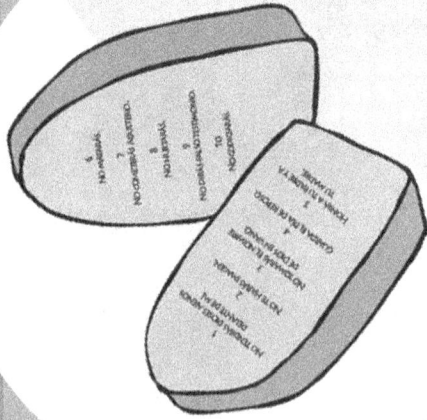

Y las tablas eran
obra de Dios, y la escritura
era escritura de Dios
grabada sobre las tablas.

Éxodo 32:16

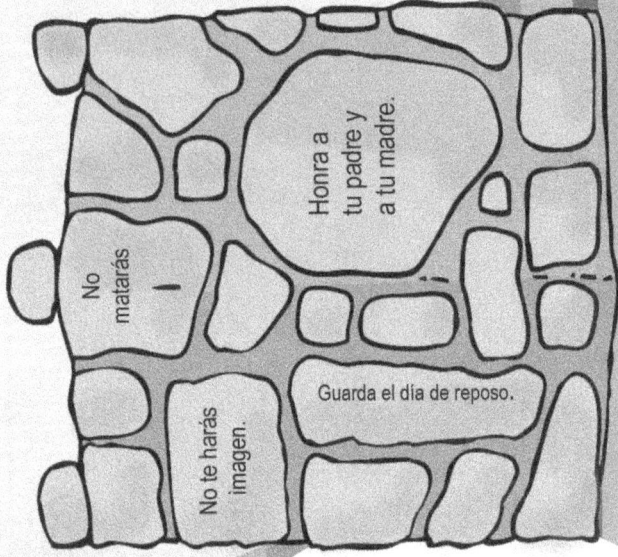

Honra a
tu padre y
a tu madre.

No
matarás

Guarda el día de reposo.

No te harás
imagen.

UN
ALTAR DE
PIEDRAS

Josué

Josué leyó la ley al pueblo de Israel.

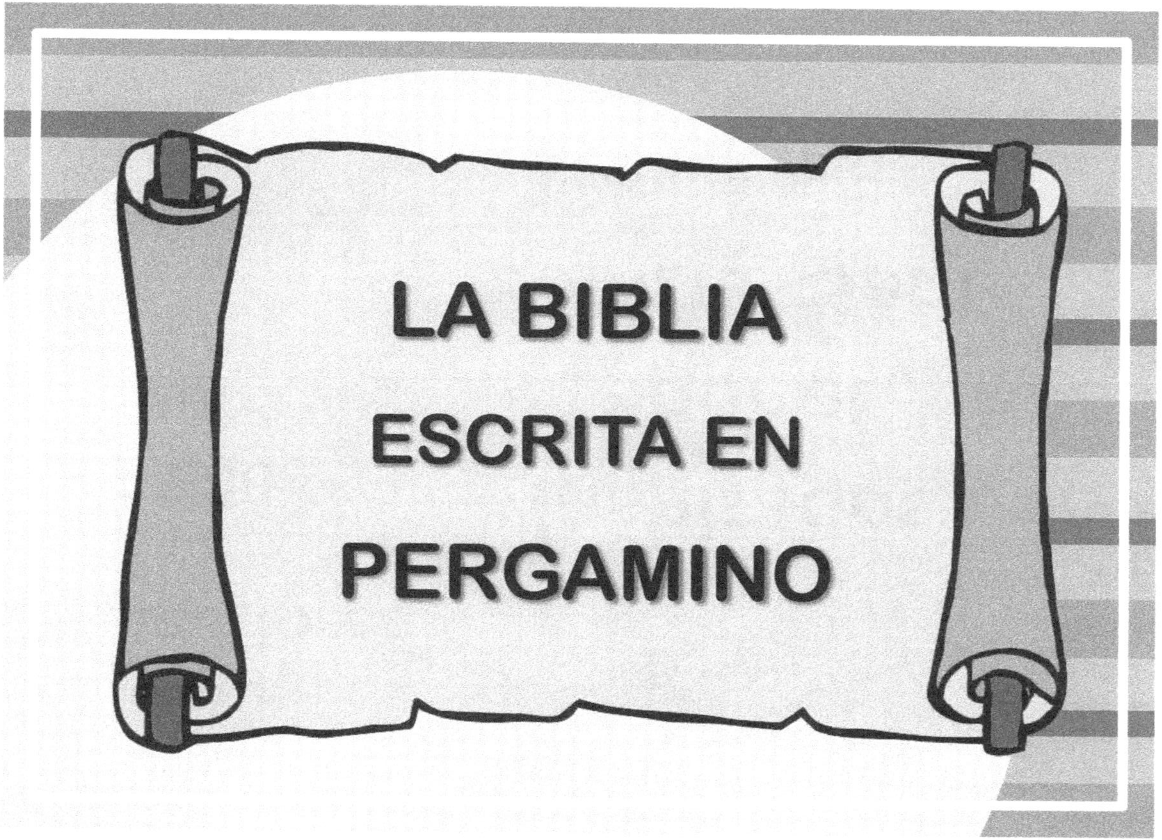
LA BIBLIA
ESCRITA EN
PERGAMINO

Inspirados
por el
Espíritu Santo

40
escritores

1.600
años

Jeremías y Baruc

Baruc escribió lo que Jeremías le dictó.

El Evangelio según Lucas

Hechos de los Apóstoles

LUCAS ESCRIBE
A TEÓFILO

ALGUNOS ESCRITORES

Mateo   Moisés
Marcos   Josué
Lucas   Samuel
Juan   David
Pablo   Isaías
Pedro   Ezequiel
Santiago   Daniel
Judas

El apóstol
Pablo
escribía
cartas
a las
iglesias.

La Biblia fue escrita a mano con sumo cuidado.

SANTA BIBLIA

La Biblia traducida e impresa

La Biblia o partes

de ella ha sido

traducida a más

de 2.500 idiomas.

SANTA
BIBLIA

TRADUCCIONES

511 idiomas tienen la Biblia

1.295 idiomas tienen el Nuevo Testamento

844 idiomas tienen Porciones

Datos tomados de Sociedades Bíblicas Unidas,

4.455 idiomas

NO TIENEN

la Palabra de Dios

Todos merecen tener la Biblia

biblegateway.com

EN LA
COMPUTADORA

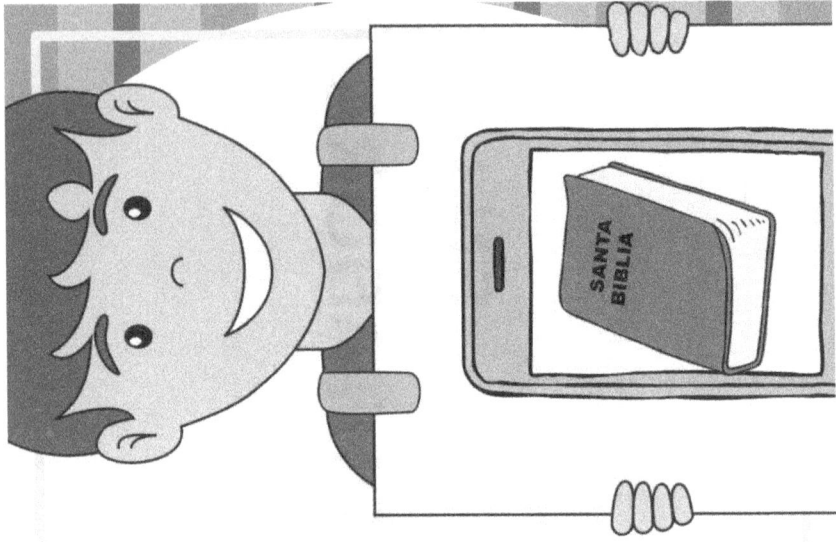

LA BIBLIA EN EL CELULAR

LA BIBLIA
EN EL
CORAZÓN

Lo más
maravilloso
es tener la
Palabra de
Dios en el
corazón.

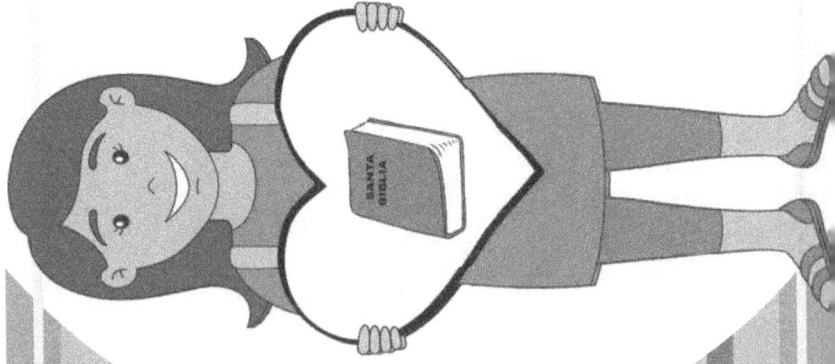

En mi corazón he guardado
tus dichos, para no
pecar contra ti.

Salmo 119:11

Jesús camina por cada página de la Biblia.

PROPÓSITO

Que creas que Jesús es el Hijo de Dios, y que al creer, tengas **VIDA** en su nombre.

¿Es Jesús
tu Señor y Salvador?

Gracias a Dios
por su Santa Palabra

Gracias por
mostrarnos
el camino
a Jesús.

Jesús

9 7 8 1 6 3 3 6 8 1 4 0 8